クイズマスターからの挑戦状

この本には、乗り物にまつわるおもしろいクイズがたくさんあるよ！　本の最後に、正解数でランクがわかる「クイズマスターチェック」がついているから、全問正解をめざして、チャレンジしよう！　どのクイズにも、かならず解答や解説をしるしているけれど、乗り物はどんどん進化しているので、より新しい情報が発表されているかもしれない。興味をもったら、自分で調べてみよう！

めざせ！乗り物クイズマスター

 クイズを楽しむうちに、乗り物についての知識がどんどん身につく！

めざせ！乗り物クイズマスター
鉄道クイズ

ワン・ステップ 編

もくじ

ステージ 1 初級編

問題		ページ
①	新幹線の名前をこたえよう！	7
②	写真クイズ これなーんだ？①	9
③	みどりの窓口のマークは？	11
④	知ってる？ ミニ新幹線	13
⑤	新幹線の仕事 ホント・ウソ	15
⑥	新幹線の豆知識	17
⑦	乗り物の名前をこたえよう！	19
⑧	おもしろ駅名クイズ	21
⑨	ICカードクイズ	23
⑩	新幹線はどこを走る？	25
⑪	人気の特急列車クイズ	27
⑫	グリーン車はどんな車両？	29
⑬	ディーゼルカーと蒸気機関車	31
⑭	何の動物に似てる？	33
⑮	どの新幹線が停車する駅？	35
⑯	新幹線の名前の意味は？	37
⑰	乗客の定員数くらべ	39
⑱	特急列車 ホント・ウソ	41
⑲	知ってる？ 線路のひみつ①	43

問題		ページ
20	すごいぞ！ リニアモーターカー	46
21	新幹線開業のひみつ	49
22	無人で走る電車はどれ？	51
23	すごいぞ！ N700系新幹線①	53
24	北陸新幹線クイズ	55
25	知ってる？ 線路のひみつ②	57
26	E5系はやぶさクイズ	59
27	知ってる？ 東京駅	61
28	写真クイズ これなーんだ？②	63
29	JRの特急クイズ	65
30	地上と地下を走る電車	67
31	JR西日本の特急クイズ	69
32	歴史クイズ これどっち？	71
33	世界の高速鉄道クイズ	73
34	知りたい！ モノレール	75
35	新幹線の車両編成は？	77
36	駅の何でも日本一	79
37	観光列車の楽しいサービス	81
38	知ってる？ クルーズトレイン	83
39	列車でわかる？ 鉄道会社	85

ステージ 2 中級編

ステージ 3 上級編

問題 ページ

㊵ 新幹線デビューならべかえ 88
㊶ すごいぞ！ N700系新幹線② 91
㊷ 架線と線路の豆知識 93
㊸ 鉄道はじめてクイズ 95
㊹ 走れ！ ドクターイエロー 97
㊺ こんな鉄道を知ってる？ 99
㊻ 新幹線の座席表クイズ 101
㊼ 新幹線クイズ これどっち？ 103
㊽ 山陽新幹線のひみつ 105
㊾ JR九州の特急列車クイズ..................... 107
㊿ 知ってる？ 登山列車 109
㉛ 鉄道の記号のひみつ 111
㊋ 新幹線スピードくらべ 113
㊌ 北海道新幹線 ホント・ウソ 115
㊍ 地下鉄の豆知識 117
㊎ 信号機を読みとれ！ 119
㊏ ぐるぐるまわる山手線クイズ 121
㊐ 鉄道と橋クイズ 123
㊑ 風景自慢の路線はどれ？ 125

さあ、初級編にチャレンジ!!

ステージ 1 初級編

Q 問題 1 新幹線(しんかんせん)の名前をこたえよう!

つぎの新幹線(しんかんせん)の名前を、あとからそれぞれ選んでください。

N700系(エヌけい)のぞみ　　E5系(イーけい)はやぶさ　　800系(けい)つばめ

新幹線の名前をこたえよう！

- ⓐ **800系つばめ**
- ⓑ **N700系のぞみ**
- ⓒ **E5系はやぶさ**

「○○系」とは、車両の形式です。「のぞみ」や「はやぶさ」などは、列車名または愛称です。

新幹線の名前は、それぞれつぎのとおりです。

800系つばめ 九州新幹線の車両です。800系は「つばめ」のほか、「さくら」という名前でも運行されています。

N700系のぞみ 東海道・山陽新幹線の車両です。N700系は「のぞみ」のほか、「こだま」「ひかり」という名前でも運行されます。九州新幹線の「みずほ」「さくら」「つばめ」としても運行しています。

E5系はやぶさ 東北新幹線の車両です。E5系は「はやぶさ」のほか、「はやて」「なすの」「やまびこ」という名前でも運行されています。

Q 問題2 写真クイズ これなーんだ？①

ステージ 1 初級編

送電設備や線路についての問題です。矢印でしめした部分の名前を、あとからそれぞれ選んでください。

架線（かせん）
幹線（かんせん）
基線（きせん）

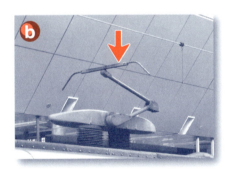

ペンタゴン
パンタグラフ
ヘッドウイング

組木
横木
枕木（まくらぎ）

写真クイズ これなーんだ？①

- ⓐ **架線(かせん)**
- ⓑ **パンタグラフ**
- ⓒ **枕木(まくらぎ)**

ⓐ 線路の上にはられた電線を「架線(かせん)」といいます。高圧(こうあつ)の電気が流れていて、車両に電気を供給(きょうきゅう)しています。

ⓑ 電車の屋根の上についている装置(そうち)は、「パンタグラフ」といいます。つねに架線(かせん)と接(せっ)していて、ここをとおって車両に電気が流れます。パンタグラフの形状(けいじょう)は、「く」の字にみえるタイプや、ひし形にみえるタイプなどがあります。p.9のパンタグラフはE7系(イーななけい)新幹線(しんかんせん)のものです。

ひし形のパンタグラフ

ⓒ 「枕木(まくらぎ)」は、レールの下にしかれた部材です。レールとレールの間隔(かんかく)を一定にたもち、レールにかかる車両の重さを分散させるはたらきがあります。昔は木材が使われていましたが、いまはコンクリート製(せい)のものが一般的(いっぱんてき)です。そのため、「まくらぎ」「マクラギ」とあらわすこともあります。

ステージ 1 初級編

Q 問題 3 みどりの窓口のマークは？

JRの乗車券などを販売する「みどりの窓口」の正しいマークを選んでください。

みどりの窓口のマークは？

e

「みどりの窓口」は、JRの駅構内にある乗車券の販売所です。特急券、定期券、座席指定券などの切符が購入できます。みどりの窓口の「みどり」とは、昔、JR（当時は日本国有鉄道）で使用されていた切符に緑色のものが多かったことからつけられたといわれています。

新幹線の券売機とみどりの窓口

問題 4 知ってる？ミニ新幹線

ステージ 1 初級編

つぎのうち、「ミニ新幹線」とよばれる新幹線を、すべて選んでください。

ⓐ E7系かがやき

ⓑ E4系Maxたにがわ

ⓒ E6系こまち

ⓓ E3系つばさ

知ってる？ミニ新幹線

c、d

「E6系こまち」は秋田新幹線、「E3系つばさ」は山形新幹線の車両です。秋田新幹線と山形新幹線では、開業するにあたり、新たに新幹線専用の線路を建設することなく、それまでにあった在来線の線路を利用し、手直しすることで工事がすすめられました。トンネルなどの設備も在来線のものを利用しているので、ほかの新幹線よりも車両が小さめにつくられていて、「ミニ新幹線」ともよばれます。

Q 問題5 新幹線の仕事 ホント・ウソ

ステージ 1 初級編

新幹線の車内ではたらく人について、ホントかウソかこたえてください。

1

新幹線の運転士は、乗務中はトイレにいかないよ。

2

新幹線の車内でワゴン販売している人を「CA」とよぶのよ。

3

新幹線には、かならず2人以上の運転士が乗務しているわよ。

4

新幹線の車掌になるには、運転士とちがって、国家資格は必要ないよ。

新幹線の仕事 ホント・ウソ

- **1** ホント
- **2** ウソ
- **3** ウソ
- **4** ホント

---

1 運転士が乗務中に体調不良などをおこした場合は、指令所に連絡して、途中駅でべつの運転士と交代します。

2 新幹線の車内で、ワゴン販売などをおこなう人を「パーサー（新幹線パーサー）」といいます。ワゴン販売のほか、グリーン車で車内サービスを提供したり、アナウンス（車内放送）をおこなったりします。

3 新幹線に乗務する運転士は、基本的には1人です。途中駅で運転士が交代することはあっても、2人いっしょには乗務しません。しかし、東海道新幹線の開業当時には、2人の運転士が乗務していました。

問題6 新幹線の豆知識

ステージ 1 初級編

新幹線の車両について、つぎの問題にこたえてください。

1 新幹線の先端部（点線部）に、何が収納されているか選んでください。

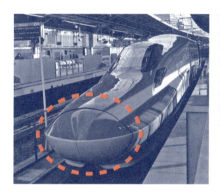

- 避難用のはしご
- 予備の電源
- 車両をつなぐ装置

2 乗客が乗り降りする出入り口付近の名前を選んでください。

- シート
- デッキ
- パウダールーム

17

新幹線の豆知識

1 車両をつなぐ装置
2 デッキ

---

1 新幹線の先端部のカバーをあけると、車両と車両をつなぐ「連結器」という装置があらわれます。

E2系新幹線の連結器

連結された2台の車両

2 新幹線の出入り口のスペースは「デッキ」といいます。

Q 問題 7 乗り物の名前をこたえよう！

ステージ 1 初級編

つぎの乗り物の名前を、あとからそれぞれ選んでください。

1

2

3

4

路面電車　　ロープウェイ　　モノレール

ケーブルカー　　リニアモーターカー

乗り物の名前をこたえよう！

1. ケーブルカー
2. ロープウェイ
3. 路面電車
4. モノレール

1.「ケーブルカー」は、山の上に設置された機械がケーブル（金属のロープ）をまきあげて、車両をひっぱることで斜面にしかれた線路をすすむ乗り物です。
2.「ロープウェイ」は、空中にはった金属のロープにゴンドラ（客室）をつりさげてすすむ乗り物です。
3.「路面電車」は、道路にしかれた線路をすすむ乗り物です。
4.「モノレール」は、レールの上をすすんだり、レールにつりさがった状態ですすんだりする乗り物です。

おもしろ駅名クイズ

ステージ 1 初級編

かわった駅名や、読みかたのむずかしい駅名について、つぎの問題にこたえてください。

1 日本でもっとも短い駅名を選んでください。

> た　　ち　　つ　　て　　と

2 実際(じっさい)にある駅名を選んでください。

> いいね　　ごめん　　おみやげ　　ともだち

3 ⓐ、ⓑの駅名の読みをこたえてください。

ⓐ 朝来

ⓑ 笑内

おもしろ駅名クイズ

1 つ　**2** ごめん
3 ⓐあっそ　ⓑおかしない

1 日本一短い駅名は、JR東海（東海旅客鉄道）や近畿日本鉄道の津駅です。

2 後免駅は、JR四国（四国旅客鉄道）の土讃線、土佐くろしお鉄道の阿佐線の駅です。

3 朝来駅は、JR西日本（西日本旅客鉄道）の紀勢本線の駅です。笑内駅は、秋田内陸縦貫鉄道の秋田内陸線の駅です。

南阿蘇鉄道の「南阿蘇水の生まれる里白水高原駅」は日本一長い駅名です。
（2015年12月現在）

ICカードクイズ

ステージ 1 初級編

電車の乗り降りや買い物などで使われる「ICカード」について、つぎの問題にこたえてください。

1 つぎのICカードを発行している鉄道会社を、あとからそれぞれ選んでください（実際のデザインではありません）。

JR西日本　　JR東海　　JR東日本

2「ICカードにチャージする」とはどういう意味ですか。つぎから選んでください。

ⓐ ICカードを改札機に読みとらせる。
ⓑ 新しいICカードを発行する。
ⓒ ICカードにお金を入金する。

A 解答9 ICカードクイズ

1 ⓐ JR東日本
　　ⓑ JR東海
　　ⓒ JR西日本

2 ⓒ

1「Suica」はJR東日本（東日本旅客鉄道）、「TOICA」はJR東海、「ICOCA」はJR西日本が発行するICカードです。乗車券の機能のほか、電子マネーとしての機能もあわせもち、買い物の支払いにも利用できます。

2「ICカードにチャージする」とは、ICカードにお金を入金するという意味です。駅の自動券売機や一部のコンビニなどでチャージできます。チャージした金額は電子マネーとして、乗車券や商品の支払いなどで使うことができます。

問題10 新幹線はどこを走る？

ステージ 1 初級編

新幹線が停車するか、停車しないかについて、地図中の都府県名で、それぞれこたえてください。

1 山陽新幹線の停車駅がない府県をすべて選んでください。

2 東北新幹線の停車駅がある都県をすべて選んでください。

新幹線はどこを走る？

1 鳥取県、島根県
2 東京都、埼玉県、栃木県

1 山陽新幹線は、新大阪駅と博多駅（福岡県）のあいだを走ります。鳥取県、島根県には新幹線の駅がありません。

2 東北新幹線は、東京駅と新青森駅のあいだを走ります。茨城県や群馬県、山梨県、長野県には東北新幹線の駅がありません。

問題11 人気の特急列車クイズ

ステージ1 初級編

特急列車についての問題です。つぎの写真にあてはまる列車の「名前」と「説明」を、あとからそれぞれ選んでください。

名前
スーパー宗谷
ロマンスカー
成田エクスプレス

説明
展望席がある　　空港まで走る　　北海道を走る

人気の特急列車クイズ

1 成田エクスプレス、空港まで走る
2 ロマンスカー、展望席がある
3 スーパー宗谷、北海道を走る

成田エクスプレス
JR東日本の特急列車です。東京・品川・新宿などの首都圏の駅と成田空港駅（千葉県）をむすびます。

ロマンスカー（VSE 50000形）
小田急電鉄の特急列車です。新宿駅（東京都）と箱根湯本駅（神奈川県）のあいだなどを走ります。先頭車両には展望席（矢印）があり、景色を広くみわたせます。

スーパー宗谷
JR北海道（北海道旅客鉄道）の特急列車です。北海道の札幌駅と稚内駅のあいだを走ります。

ステージ 1 初級編

グリーン車はどんな車両?

JRの特別車両「グリーン車」について、つぎの問題にこたえてください。

1 グリーン車の説明として、正しいものを選んでください。

- ⓐ 車体が緑色にぬられた車両。
- ⓑ 環境に配慮した素材でつくられた車両。
- ⓒ 一般の車両よりも設備やサービスがよい車両。
- ⓓ 会員登録した人だけが乗ることのできる車両。

2 グリーン車をあらわすマークを選んでください。

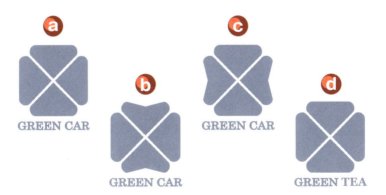

グリーン車はどんな車両？

1 c

2 a

JRの新幹線や特急列車などには、「グリーン車」とよばれる特別車両が編成されていることがあります。

グリーン車は、普通車（一般の車両）にくらべて座席が広くつくられていて、車内で快適にすごすためのサービスや設備がととのっています。グリーン車に乗車するには、乗車券のほかにグリーン券が必要です。

グリーン車のマーク

新幹線の車体につけられているグリーン車のマーク。

新幹線のグリーン車の座席。座席の幅と前後の座席の間隔が普通車よりも広く、ゆったりしている。

ステージ 1 初級編

問題13 ディーゼルカーと蒸気機関車

現在も運行しているディーゼルカーと蒸気機関車をくらべました。つぎのうち、あてはまるものをそれぞれ選んでください。

1 煙をはきだしながら走るのは、どれ？

- ディーゼルカー
- 蒸気機関車
- どちらも

2 架線（電線）から電気をとりこまずに走るのは、どれ？

- ディーゼルカー
- 蒸気機関車
- どちらも

3 軽油を燃料として走るのは、どれ？

- ディーゼルカー
- 蒸気機関車
- どちらも

蒸気機関車は、昔は鉄道の主役だったのよ。いまは観光列車として使われることが多いわ。

ディーゼルカーと蒸気機関車

- **1** 蒸気機関車
- **2** どちらも
- **3** ディーゼルカー

蒸気機関車は、蒸気の力で走る機関車です。燃料となる石炭を燃やしたときにでる煙や水蒸気を煙突からはきだしながら走ります。ディーゼルカーは、軽油を燃料とするディーゼルエンジンで動きます。蒸気機関車もディーゼルカーも、架線から電気をとりこむ必要はなく、線路さえあれば走ることができます。

蒸気機関車

ディーゼルカー

問題14 何の動物に似てる?

ステージ 1 初級編

つぎの新幹線の先頭車両に、顔が似ているといわれる動物を、あとからそれぞれ選んでください。

700系

500系

カラス　ペンギン　カワセミ　カモノハシ　ビーバー

何の動物に似てる?

1 カモノハシ
2 カワセミ

---

1 700系新幹線の先頭車両は、ゆるやかなカーブをえがいた形状をしています。この形は「エアロストリーム型」とよばれ、空気の抵抗や振動、騒音を弱めるように設計されたものです。この独特の形状から、カモノハシのくちばしに似ているといわれています。

2 500系新幹線の細長い先頭車両の形状は、カワセミの頭部にたとえられます。500系新幹線を開発する際、カワセミの細くするどいくちばしをヒントにしたそうです。

ぼくに似てる…?

どの新幹線が停車する駅？

ステージ 1 初級編

つぎの駅名をみて、あてはまる新幹線の名前を選んでください。

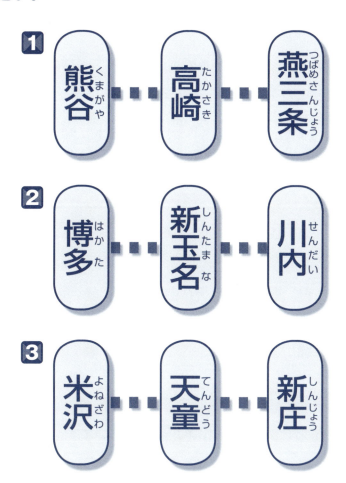

1. 熊谷 — 高崎 — 燕三条
2. 博多 — 新玉名 — 川内
3. 米沢 — 天童 — 新庄

山形新幹線　秋田新幹線　上越新幹線　九州新幹線

どの新幹線が停車する駅？

1 上越新幹線
2 九州新幹線
3 山形新幹線

---

1 上越新幹線は、大宮駅（埼玉県）と新潟駅のあいだを走る路線です。JR東日本が運営しています。

ガーラ湯沢駅は冬のスキーシーズンのみ営業。

2 九州新幹線は、博多駅（福岡県）と鹿児島中央駅をむすぶ路線です。JR九州（九州旅客鉄道）が運営しています。

3 山形新幹線は、福島駅と新庄駅（山形県）のあいだを走る路線です。JR東日本が運営しています。

Q 問題16 新幹線の名前の意味は?

ステージ 1 初級編

新幹線の車両形式名について、つぎの問題にこたえてください。

1 N700系新幹線の「N」の意味を選んでください。

Nippon（日本）
North（北）
New（新しい）

2 E5系、W7系の「E」や「W」があらわしている内容を、それぞれ選んでください。

E5系新幹線

W7系新幹線

車両の製造会社　　鉄道会社　　車両の大きさ

新幹線の名前の意味は？

1 **New（新しい）**
2 **鉄道会社**

---

1 N700系新幹線の「N」には、New（新しい）やNext（つぎへ）という意味がこめられています。また、N700系新幹線をさらに進化させた車両、N700Aの「A」は、Advanced（進化した）の頭文字からとったものです。

2 E5系・W7系新幹線の「E」や「W」は、車両を所有する鉄道会社の名前をあらわしています。Eは「EAST（東）」でJR東日本、Wは「WEST（西）」でJR西日本のことです。

乗客の定員数くらべ

つぎのうち、乗客の定員数がもっとも多い乗り物を選んでください。

N700系新幹線（16両編成）

E4系新幹線（16両編成）

エアバスA380-800

飛鳥Ⅱ

A 解答17 乗客の定員数くらべ

E4系新幹線(16両編成)

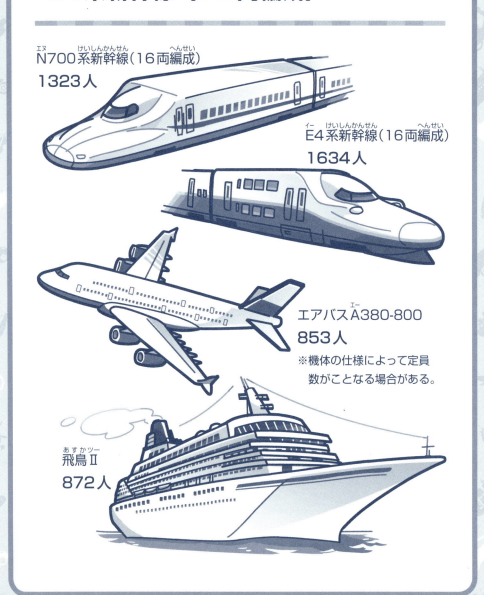

N700系新幹線(16両編成)
1323人

E4系新幹線(16両編成)
1634人

エアバスA380-800
853人
※機体の仕様によって定員数がことなる場合がある。

飛鳥Ⅱ
872人

Q 問題 18 特急列車 ホント・ウソ

ステージ 1 初級編

普通列車よりもスピードのはやい「特急列車」について、ホントかウソかこたえてください。

1

特急列車は、正しくは「特殊急行列車」というんだよ。

2

特急列車に乗るには、乗車券のほかに「特急券」が必要よ。

3

特急列車はJRだけでなく、私鉄（民間の鉄道会社）でも運行しているよ。

4

すべての特急列車には、寝台（ベッド）がそなえつけられているわよ。

特急列車 ホント・ウソ

1. ウソ
2. ホント
3. ホント
4. ウソ

---

1. 特急列車（特急）は、正しくは「特別急行列車」といいます。普通列車よりもスピードがはやく、すべての駅ではなく、主要な駅だけに停車します。

2. 特急列車は、一般に、乗車券のほかに特急券（特別急行券）が必要です。ただし、例外として、JR北海道の石勝線の新夕張駅と新得駅のあいだなど、特急券を必要としない場合もあります。

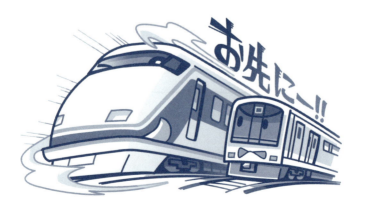

問題19 知ってる？ 線路のひみつ①

ステージ1 初級編

鉄道の列車が走行する線路やレールのしくみについて、つぎの問題にこたえてください。

1 レールの断面図として、正しいものを選んでください。

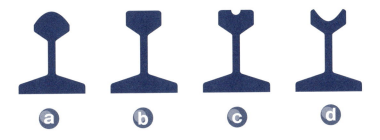

ⓐ　ⓑ　ⓒ　ⓓ

2 写真のような線路の進路を変更するしくみを選んでください。

トランス　ポイント　チェンジ　スイッチ

知ってる？線路のひみつ①

1 ⓑ

2 ポイント

---

1 線路は、レール、枕木、道床（砂利）などで構成された列車の走行路です。

2 ひとつの線路を、2つ以上の線路にわける分岐器を「ポイント」といいます。ポイントは線路のわけかたによって、いくつかの種類があります。

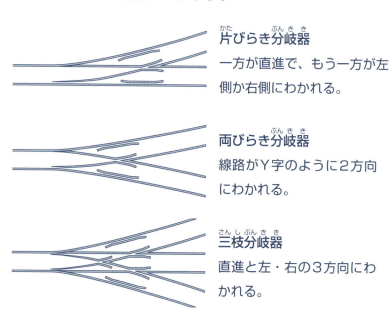

片びらき分岐器
一方が直進で、もう一方が左側か右側にわかれる。

両びらき分岐器
線路がY字のように2方向にわかれる。

三枝分岐器
直進と左・右の3方向にわかれる。

Q 問題 20 すごいぞ! リニアモーターカー

「リニアモーターカー」について、つぎの問題にこたえてください。

1 2027年に開業を予定している「リニア中央新幹線」は、空中に浮上して走行するリニアモーターカーです。何cmくらい浮上するか選んでください。

- 1cm
- 10cm
- 30cm
- 100cm

2 リニア中央新幹線が、品川駅（東京都）から名古屋駅（愛知県）までを何分でむすぶ予定か選んでください。

約15分　約40分　約80分　約100分

3 リニア中央新幹線の営業時の最高時速を選んでください。

300km　400km　500km　600km

ステージ ② 中級編

4 リニア中央新幹線が走行するルートを選んでください。

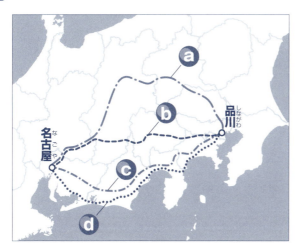

5 写真のリニアモーターカーが運行している県を選んでください。

愛知県　兵庫県　福岡県　沖縄県

すごいぞ！リニアモーターカー

1. 10cm
2. 約40分
3. 500km
4. ⓑ
5. 愛知県

---

1. リニア中央新幹線には、超伝導磁気浮上式のリニアモーターカーが採用されています。強力な磁力をもつ超伝導磁石の力で、10cmほど浮上した状態で走行します。

2. 東海道新幹線のぞみは、品川駅（東京都）と名古屋駅（愛知県）のあいだを約90分で走ります。リニア中央新幹線は、その半分以下の約40分で走る予定です。営業時の最高時速は約500kmにもなります。

4. リニア中央新幹線は、品川駅と名古屋駅のあいだを走ります。将来は、新大阪駅までのばすことが計画されています。

5. p.47の写真は、愛知高速交通東部丘陵線「リニモ」の車両です。リニモは磁気浮上式のリニアモーターカーです。2005（平成17）年に開催された愛知万博（愛・地球博）にあわせて開業しました。

問題21 新幹線開業のひみつ

ステージ 2 中級編

新幹線の開業当時のことについて、つぎの問題にこたえてください。

1 新幹線の開業は、あるできごとにまにあうように計画がすすめられました。そのできごとを選んでください。

> 東京タワー開業　大阪万博開催
> 東京オリンピック開催　サッカーＷ杯開催

2 開業当日の一番列車の名前を選んでください。

> のぞみ　ひかり　さくら　やまびこ

3 開業当時の新幹線のニックネームを選んでください。

> 青い稲妻　フジヤマのトビウオ
> 弾丸列車　夢の超特急

新幹線開業のひみつ

1 東京オリンピック開催
2 ひかり
3 夢の超特急

1 最初の新幹線である「東海道新幹線」は、1964（昭和39）年に開催された東京オリンピックにまにあうように建設がすすめられました。開業したのは、オリンピック開催の9日前（10月1日）です。新幹線建設の起工式から、わずか5年半後のことでした。

2 開業時に走っていた新幹線は「ひかり」と「こだま」で、開業当日の一番列車はひかりです。東京駅と新大阪駅のあいだを、ひかりは4時間、こだまは5時間かけて走りました。開業当時は、線路の地盤が不安定な区間があったため、速度をおさえて運行していましたが、翌年には地盤も安定し、ひかりは3時間10分、こだまは4時間で走れるようになりました。

3 新幹線は、開業当時、「夢の超特急」とよばれていました。

Q 問題22 無人で走る電車はどれ？

ステージ 2 中級編

つぎのうち、運転士も車掌も乗車せず、無人で運行する電車をすべて選んでください。ただし、前面のガラスはぬりつぶしてあります。

レオライナー（埼玉県）

ニューシャトル（埼玉県）

ゆりかもめ（東京都）

シーサイドライン（神奈川県）

無人で走る電車はどれ？

c、d

レオライナー、ニューシャトル、ゆりかもめ、シーサイドラインは「新交通システム」とよばれる交通機関です。おもに高所に設置された「ガイドウェイ」といわれる専用の走行路を、ゴム製のタイヤを使用した車両が走ります。新交通システムのなかには、ゆりかもめやシーサイドラインのように、運転士や車掌が乗車せず、無人で運行しているものがあります。人が運転するかわりに、コンピューターが車両を制御して、加速・減速させたり、駅に停車させたりします。

もしかして運転士はオバケ…

Q 問題 23 すごいぞ！N700系新幹線①

ステージ 2 中級編

東海道・山陽新幹線で活躍しているN700系新幹線について、つぎの問題にこたえてください。

1 ブレーキをかけたときに発生するものを、べつの列車で利用しています。何が発生するか選んでください。

空気　水　電気　水蒸気

2 車体に、あるくふうをくわえたことで、時速270kmの高速でカーブを走行できるようになりました。そのくふうを選んでください。

ⓐ 車両の高さを30cm低くした。
ⓑ カーブの傾斜にあわせて車体がかたむくようにした。
ⓒ パンタグラフの数をふやした。
ⓓ 車両の重量を約30％軽くした。

すごいぞ！N700系新幹線①

1 電気

2 ⓑ

---

1 N700系新幹線には、ブレーキをかけたときに、モーターを発電機としてはたらかせて電気を発生させる「回生ブレーキ」が搭載されています。発生した電気は架線へ流して、ほかの電車の電力として利用します。このシステムは、300系以降の車両に採用されています。

2 N700系新幹線は、カーブをまがるときに車体を1°かたむけているため、高速のまま走行することができます。この「車体傾斜システム」を新幹線で採用したのは、N700系がはじめてです。

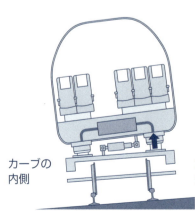

N700系新幹線の車体傾斜システムのしくみ
カーブにさしかかると、自動的に車体が内側にかたむく。

Q 問題24 北陸新幹線クイズ

ステージ ② 中級編

2015（平成27）年に開業した北陸新幹線について、つぎの問題にこたえてください。

1 北陸新幹線のE7系とW7系の車両には、3つの色が使われています。「空色」「アイボリーホワイト」と、もうひとつの色を選んでください。

- 金色
- 銀色
- 銅色
- 黒色

2 北陸新幹線の列車の名前を2つ選んでください。

- ほくえつ
- かがやき
- あずさ
- はくたか
- いなほ

解答24 北陸新幹線クイズ

1 銅色
2 かがやき、はくたか

---

1 北陸新幹線の車体には、日本の伝統的な色がもちいられています。車体の基調にはアイボリーホワイトを使い、上部には空色、側面の帯には銅色と空色が使われています。銅色は日本の伝統工芸品である銅器をイメージしたものです。

2 北陸新幹線には4タイプの列車があります。金沢駅（石川県）と東京駅を最短時間でむすぶ速達タイプの「かがやき」、停車タイプの「はくたか」、金沢駅と富山駅のあいだを走るシャトルタイプの「つるぎ」、長野駅と東京駅のあいだを走る「あさま」です。

ステージ 2 中級編

知ってる？ 線路のひみつ②

鉄道の列車が走行する線路のしくみについて、つぎの問題にこたえてください。

1 レールとレールのつなぎめには、すきま（矢印）が少しあいています。その理由を選んでください。

- ⓐ 夏場、暑さでレールが少しのびるため。
- ⓑ 車両の重さでレールが折れるのをふせぐため。
- ⓒ いたんだレールの交換作業をかんたんにするため。

2 レールの下にしいてある砂利の役割として、もっとも重要なものを選んでください。

- ⓐ 雑草がはえるのをふせぐ。
- ⓑ 線路にかかる力を分散させる。
- ⓒ 水はけをよくする。

知ってる？ 線路のひみつ②

1 ⓐ
2 ⓑ

---

1 線路にしかれているレールは、切れめなくつづいているようにみえますが、実際には数十mのレールがたくさんつながっています。レールとレールは、すきまが少しあくようにつながれています。これは、鉄製のレールが夏の暑さで膨張し、ぐにゃりとまがってしまうのをふせぐためです。近年は、200m以上の長さの「ロングレール」もふえてきました。

2 レールの下の砂利などを「道床」といいます。線路にかかる車両の重さや振動を分散させ、軽減させるためにあります。

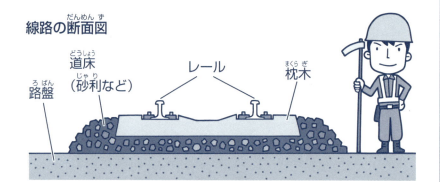

問題26 E5系はやぶさクイズ

ステージ ② 中級編

東北新幹線の「E5系はやぶさ」について、つぎの問題にこたえてください。

1 車体上部（矢印）の色を選んでください。

青　　赤　　緑　　茶

2 つぎのマークのついた特別車両の名前を選んでください。

ファーストクラス
グランクラス
スイートルーム
VIPルーム

3 E5系はやぶさと連結して走る新幹線の名前を選んでください。

E2系やまびこ　　E4系たにがわ
E6系こまち　　　E7系はくたか

解答26 E5系はやぶさクイズ

1. 緑
2. グランクラス
3. E6系こまち

1. E5系はやぶさの車体の色は、上部が緑色、下部が白です。側面にはピンク色の帯があります。

緑色（常磐グリーン）
ピンク色の帯（はやてピンク）
白（飛雲ホワイト）

2. 「グランクラス」はグリーン車よりも上位に位置する車両です。ゆったりと広いシートや読書灯など、快適で上質なサービスが特徴です。旅客機でいえば、ファーストクラスにあたります。

3. E5系はやぶさと連結して走るのは「E6系こまち」です。東京駅を出発した連結車両は、盛岡駅（岩手県）で連結がはずされます。そこから、E5系はやぶさは新青森方面へ、E6系こまちは秋田方面へむかいます。

問題27 知ってる？東京駅

ステージ ② 中級編

東京の玄関口ともいわれる東京駅について、つぎの問題にこたえてください。

1 写真がどの方面からみた東京駅か、選んでください。

八重洲方面
丸の内方面

2 東京駅には、駅長が何人いるか選んでください。

0人　1人　2人　3人

3 東京駅には、待ち合わせ場所として有名なところがあります。その場所の名前を選んでください。

金の斧　金のベル　銀のカギ　銀の鈴

知ってる？東京駅 解答27

1. **丸の内方面**
2. **3人**
3. **銀の鈴**

1. p.61の写真は、丸の内方面からみた東京駅丸の内駅舎です。1914（大正3）年に建てられた丸の内駅舎は、1945（昭和20）年の東京大空襲による火災で一部が焼失してしまいました。その後、国の重要文化財に指定され、2012（平成24）年に保存・復原工事が完了しました。

2. 東京駅には3つの駅長室があります。それぞれには、JR東日本、JR東海、東京メトロ（東京地下鉄）の駅長がいます。

3. 東京駅の待ち合わせ場所として有名なところは、八重洲地下中央口の改札内にある「銀の鈴」です。

東京駅構内にある「銀の鈴」

Q 問題 28 写真クイズ これなーんだ？②

ステージ 2 中級編

つぎの写真をみて、矢印のさす部分が何をするときに役立つか、それぞれ選んでください。

1 運転台の窓ガラスの上にある取っ手のようなもの

N700系新幹線

- 車両をひっぱるとき
- そうじをするとき
- 手動で連結するとき

2 先頭車両の下部にあるスカートのようなもの

E7系新幹線

- 速度をあげるとき
- 雪をはねとばすとき
- 障害物を感知するとき

写真クイズ これなーんだ？②

1 そうじをするとき
2 雪をはねとばすとき

1 N700系新幹線の運転台の窓ガラスの上には、取っ手のようなものがついています。これは、車両をそうじするときに、転落を防止するための命綱をむすびつける部分です。ほとんどの車両は専用の機械であらっていますが、複雑な形状をした先頭車両の先頭部分は、人の手できれいにします。

人の手であらう部分もあるんだよ！

2 E7系新幹線の先頭車両の下部には、雪をはじくための「スノープラウ」が装備されています。スノープラウは、東北新幹線や北陸新幹線など、雪の多い地方を走る新幹線の車両にそなえられています。

問題29 JRの特急クイズ

ステージ 2 中級編

つぎの特徴をもつJRの特急列車を、それぞれ選んでください。

1 「ワンダーランドエクスプレス」の愛称をもつ。
2 ディーゼルエンジンで走る。
3 千葉県の房総半島の海ぞいを走る。

ソニック883系

わかしおE257系

スーパーおおぞら283系

A 解答29 JRの特急クイズ

1 ソニック883系
2 スーパーおおぞら283系
3 わかしおE257系

1「ソニック883系」は、「ワンダーランドエクスプレス」という愛称で知られるJR九州の特急列車です。博多駅（福岡県）と大分駅のあいだなどを走ります。カーブのときに車体を内側にかたむけることで速度の低下をおさえる「振り子式車両」が採用されています。

2「スーパーおおぞら283系」は、ディーゼルエンジンで走るディーゼルカーです。JR北海道の振り子式車両の特急列車で、札幌駅と釧路駅のあいだを走ります。ディーゼルカーは、架線から電気の供給をうける必要がないので、おもに架線がひかれていない地域で活躍しています。

3「わかしおE257系」は、房総半島の海岸線を走るJR東日本の特急列車です。おもに東京駅と安房鴨川駅（千葉県）のあいだを走ります。

Q 問題 30 地上と地下を走る電車

ステージ 2 中級編

つぎのうち、地上の線路と地下鉄の線路の両方を走行する電車を、2つ選んでください。

!ヒント 電車の顔をよくみてね！

A 解答30 地上と地下を走る電車

ⓒ、ⓓ

ⓒ 東京メトロの05系newの車両です。東京メトロ東西線とJR中央・総武線を直通運行しています。

05系new（東西線など）

ⓓ JR東日本のE233系2000番台の車両です。JR常磐緩行線（各駅停車）と東京メトロ千代田線を直通運行しています。

E233系2000番台（JR常磐緩行線など）

どちらの先頭車両にも、前面に「貫通扉」（点線部）がもうけられています。地下鉄の線路を走るすべての車両は、非常時の避難のため、先頭車両から最後尾の車両まで、とおりぬけられるようにすることが義務づけられています。

205系
（JR武蔵野線など）

E233系0番台
（JR中央線快速など）

E231系
（JR山手線など）

ステージ 2 中級編

Q 問題 31 JR西日本の特急クイズ

つぎの路線を走るJR西日本の特急列車を、あとからそれぞれ選んでください。

地図の路線の駅は、おもな停車駅をしめしているよ。

サンダーバード
ハウステンボス
スーパーいなば
はしだて
はるか
くろしお

A 解答31 JR西日本の特急クイズ

1. **サンダーバード**
2. **くろしお**
3. **はるか**

1. 大阪駅と石川県の金沢駅・和倉温泉駅のあいだを走る特急列車は「サンダーバード683系」です。前身となる特急列車は「雷鳥」です。

サンダーバード683系

2. 京都駅と新宮駅（和歌山県）のあいだなどを走る特急列車は「くろしお283系」です。景色のよい海岸ぞいを走ります。

くろしお283系

3. 米原駅（滋賀県）と関西空港駅（大阪府）のあいだを走る特急列車は「はるか281系」です。関西国際空港の開港にあわせて導入されました。

はるか281系

問題32 歴史クイズ これどっち?

ステージ 2 中級編

新幹線の歴史についての問題です。つぎのうち、あてはまるほうを選んでください。

1 東北・上越新幹線が開業した年は、どっち?

- 1972年
- 1982年

2 より長い期間、使用された車両は、どっち?

- 100系新幹線
- 200系新幹線

3 はじめて食堂車が連結された新幹線は、どっち?

- やまびこ
- ひかり

100系新幹線が運行を開始したのは、200系新幹線よりあとだよ。

歴史クイズ これどっち？

1. **1982年**
2. **200系新幹線**
3. **ひかり**

---

1. 東北・上越新幹線の開業は、1982（昭和57）年です。200系やまびこなどが運行されました。
2. 200系新幹線は、東北・上越新幹線開業にあわせて登場しました。2013（平成25）年に引退するまでの約30年間、東北・上越新幹線の車両として活躍しました。100系新幹線は約27年間、運用されました。
3. 食堂車（ビュフェ／ビュッフェ）が新幹線に連結されたのは、東海道新幹線「ひかり」が最初です。

ステージ 2 中級編

Q 問題 33 世界の高速鉄道クイズ

海外で活躍(かつやく)している高速鉄道について、つぎの問題にこたえてください。

1 フランスで運行されている高速鉄道を選んでください。

2 日本の700系新幹線(けいしんかんせん)をもとに開発された高速鉄道を選んでください。

アイシーイー
ICE

ティージーブイ
TGV

ティーエイチエスアール
THSR

A 解答33 世界の高速鉄道クイズ

1 TGV
2 THSR

フランスの高速鉄道は「TGV」といいます。1981年に開業しました。フランス国内を走行するほか、スイス、ベルギーなどの国外にも乗り入れています。最高時速は320kmです。

「THSR」は、2007年に開業した台湾高速鉄道（Taiwan High Speed Rail）の略称です。p.73の写真は700T型で、日本の700系新幹線をもとに開発されました。最高時速は300kmです。

「ICE」は、1991年に開業したドイツの高速鉄道です。最高時速は320kmで、ドイツ国内のほか、フランス、オランダなども走ります。

日本の技術力はすごい！

問題34 知りたい！モノレール

ステージ 2 中級編

モノレールについて、つぎの問題にこたえてください。

千葉都市モノレール

1 モノレールの「モノ」の意味を選んでください。

　　　白黒　　ひとつの　　物体　　電気

2 日本ではじめて、モノレールが開業した場所を選んでください。

　　　上野動物園　　大阪万博　　愛知万博　　羽田空港

知りたい！モノレール

1 ひとつの
2 上野動物園

---

1 モノレールの「モノ」は、「ひとつの」という意味です。1本のレールを走行することから、モノレールといいます。レールにつりさがる懸垂式と、レールにまたがる跨座式があり、地上より高い位置に軌道（走路）を設置した高架線を走行します。

2 日本ではじめて開業したモノレールは、「上野動物園モノレール」です。1957（昭和32）年に開業しました。正しくは「上野懸垂線」といい、東京都交通局が運営しています。上野動物園の東園駅と西園駅をむすぶ、乗車時間約1分半の短い距離を走っています。

上野動物園モノレール

ステージ 2 中級編

問題 35 新幹線の車両編成は？

新幹線の車両編成について、つぎの問題にこたえてください。

1 16両編成の東海道新幹線N700系のぞみの場合、「グリーン車」の車両がどの位置になるか選んでください。

1 2 3 4 5 6 7 8 9 10 11 12 13 14 15 16
⇐博多　　　　　　　　　　　　　　　　東京⇒

```
1～3号車　　8～10号車　　14～16号車
```

2 12両編成の北陸新幹線E7系かがやきの場合、「グランクラス」の車両がどの位置になるか選んでください。

1 2 3 4 5 6 7 8 9 10 11 12
⇐東京　　　　　　　　　　　　金沢⇒

```
1号車　　7号車　　12号車
```

新幹線の車両編成は？

1 8〜10号車
2 12号車

---

1 東海道新幹線のぞみの代表的な車両編成（N700系／16両編成）は、つぎのとおりです。

2 北陸新幹線かがやきの代表的な車両編成（E7系／12両編成）は、つぎのとおりです。

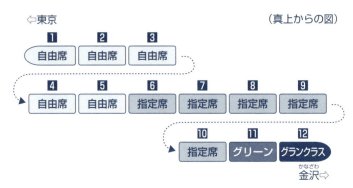

問題36 駅の何でも日本一

ステージ 2 中級編

日本一の駅について、ホントかウソかこたえてください。

1

日本でもっとも長いホームは、京都駅にあるわよ。

2

日本一低いところに設置されているJRの地上駅は、愛知県にあるよ。

3

日本一高いところに設置されているJRの駅は、静岡県にあるんだ。

4

日本でもっとも南にある駅は、沖縄県の那覇空港駅よ。

駅の何でも日本一

1. ホント
2. ホント
3. ウソ
4. ウソ

---

1. 日本でもっとも長いホームは京都駅にあり、ホームのはしからはしまでの距離が558mもあります。このホームは0番ホームと30番ホームが1本につながったもので、はしからはしまで歩くと、おとなでも5〜6分くらいかかります。

2. JR（ジェイアール）の地上駅で、日本一低いところにある駅は、愛知県弥富市（やとみし）にある弥富駅（やとみえき）です。海抜（かいばつ）はマイナス0.93mです。

3. 日本一高いところにあるJR（ジェイアール）の駅は、長野県の野辺山駅（のべやまえき）です。JR（ジェイアール）東日本の小海線（こうみせん）の駅で、標高1345.67mの位置にあります。

4. 日本でもっとも南にある駅は、沖縄（おきなわ）都市モノレールの赤嶺駅（あかみねえき）です。そのとなりにある那覇（なは）空港駅は、日本でもっとも西にある駅です。

ステージ 2 中級編

Q 問題 37 観光列車の楽しいサービス

JR東日本の観光列車「ジョイフルトレイン」について、つぎの問題にこたえてください。

1 廃車となった蒸気機関車を復元したジョイフルトレイン「SL銀河」のユニークなサービスを選んでください。

- 映画の上映
- プラネタリウムの上映
- 天体観測

2 福島駅と新庄駅（山形県）のあいだを走る「とれいゆ つばさ」の車内で、乗客が楽しめるサービスを選んでください。

- 卓球
- 足湯
- 楽器の演奏

観光列車の楽しいサービス

1 プラネタリウムの上映
2 足湯

1「SL銀河」は、岩手県の花巻駅と釜石駅のあいだを走る観光列車です。SLとは蒸気機関車のことです。1972（昭和47）年に用途廃止となった蒸気機関車C58形239号機を復元して使用しています。運転台のある1号車では、プラネタリウムや天体に関する展示がみられます。

2「とれいゆ つばさ」には、風景をながめながら楽しめる足湯や、座席が畳のお座敷指定席など、ユニークなサービスがあります。車両はE3系新幹線を改良したもので、福島駅と新庄駅（山形県）のあいだを走ります。

ステージ ❷ 中級編

問題 38 知ってる？クルーズトレイン

鉄道の旅を楽しむ豪華列車「クルーズトレイン」について、つぎの問題にこたえてください。

1 写真はJR九州のクルーズトレイン「 ? 星 in九州」です。 ? にあてはまることばを選んでください。

- ひとつ
- ふたつ
- いつつ
- ななつ

2 写真のクルーズトレインの客室は、すべて個室になっています。客室の数を選んでください。

- 7　　14　　28

3 JR東日本が開発していて、2017（平成29）年開業のクルーズトレインの名前を選んでください。

- 北斗星　　四季島　　ブルートレイン

知ってる？クルーズトレイン

1 ななつ
2 14
3 四季島

1「ななつ星 in 九州」はJR九州のクルーズトレインです。博多駅（福岡県）を起点に、九州各地の観光スポットを1泊2日、または3泊4日でゆったりと走る寝台列車です。車内は木材を使った豪華な内装で、1号車のラウンジカー（共用スペース）ではピアノの生演奏もおこなわれ、鉄道の旅を優雅に楽しめます。

2「ななつ星 in 九州」は7両編成です。1号車がラウンジカーで、2号車がダイニングカー（食堂車）、それ以外がゲストルーム（客室）をそなえた寝台車です。客室は14室あります。スイートとDXスイートがあり、どちらもホテルのように、ベッド、シャワー、トイレが完備されています。

3 四季島は、2017（平成29）年開業のJR東日本のクルーズトレインです。正しくは「TRAIN SUITE 四季島」といいます。

問題39 列車でわかる？鉄道会社

ステージ ② 中級編

つぎの特急列車は、どの鉄道会社が所有しているものか、あとからそれぞれ選んでください。

ⓐ スペーシア

ⓑ ラピート

ⓒ レッドアロー

ⓓ アーバンライナー・ネクスト

西武(せいぶ)鉄道　東武(とうぶ)鉄道　南海(なんかい)電気鉄道　近畿(きんき)日本鉄道

解答39 列車でわかる？鉄道会社

- ⓐ 東武鉄道
- ⓑ 南海電気鉄道
- ⓒ 西武鉄道
- ⓓ 近畿日本鉄道

スペーシア（東武鉄道）
浅草駅（東京都）と東武日光駅（栃木県）のあいだなどを運行。

ラピート（南海電気鉄道）
大阪府のなんば駅と関西空港駅のあいだを運行。

レッドアロー（西武鉄道）
池袋駅（東京都）と西武秩父駅（埼玉県）のあいだなどを運行。

アーバンライナー・ネクスト（近畿日本鉄道）
大阪難波駅（大阪府）と近鉄名古屋駅（愛知県）のあいだなどを運行。

Q 問題 40 新幹線デビューならべかえ

つぎの新幹線を、運行を開始した年の古い順にならべてください。

!ヒント 2番めは d 、5番めは c 、8番めは i だよ。

ステージ 3 上級編

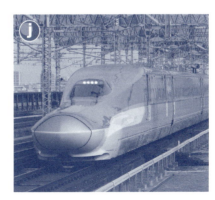

新幹線デビューならべかえ

g → d → f → b → c → a → e → i → j → h

0系　1964年

200系　1982年

100系　1985年

300系　1992年

500系　1997年

700系　1999年

800系　2004年

N700系　2007年

E5系　2011年

E7系　2014年

ステージ 3 上級編

Q 問題 41 すごいぞ！N700(エヌ)系新幹線②

東海道・山陽新幹線で活躍しているN700系新幹線について、つぎの問題にこたえてください。

1 走行中のデッキ内の騒音をおさえるために、車両と車両の連結部にどのようなくふうがされているか選んでください。

- ⓐ 連結部を大きくしている。
- ⓑ 連結部をホロでおおっている。
- ⓒ 車両同士を電磁石で連結している。

2 車体の断面図をみて、正しいものを選んでください。

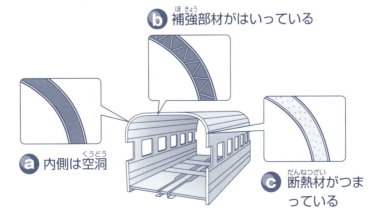

ⓐ 内側は空洞
ⓑ 補強部材がはいっている
ⓒ 断熱材がつまっている

すごいぞ！N700系新幹線②

1 ⓑ

2 ⓑ

1 N700系新幹線は、車両の連結部をホロ（全周ホロ）でおおい、車両と連結部の段差をなくしています。これにより、走行中のデッキ内の騒音が大幅に軽減されました。

N700Aの全周ホロ

2 N700系新幹線の車体は、2枚のアルミ合金の板をはりあわせてできています（ダブルスキン構造）。2枚の板のあいだには、強度をたもつための補強部材がいれられています。これにより、車体は軽くなり、強度もましました。

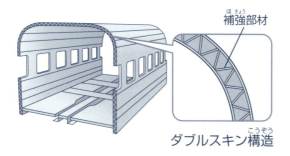

ダブルスキン構造

ステージ ③ 上級編

Q 問題 42 架線と線路の豆知識

架線と線路のしくみについて、つぎの問題にこたえてください。

1 架線の ⓐ、ⓑ の名前をそれぞれ選んでください。

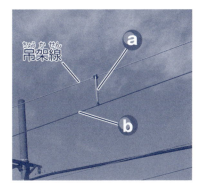

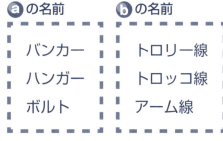

ⓐの名前
- バンカー
- ハンガー
- ボルト

ⓑの名前
- トロリー線
- トロッコ線
- アーム線

2 線路の「軌間（ゲージ）」とは、どこの距離のことか選んでください。

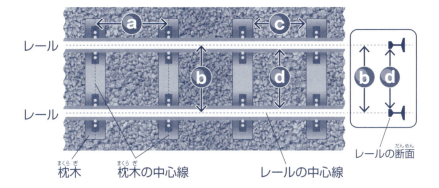

解答42 架線と線路の豆知識

1 ⓐ ハンガー ⓑ トロリー線
2 ⓓ

---

1 電車のパンタグラフと接する部分をトロリー線といいます。電車に電気を供給するための電線です。トロリー線は、たわんでしまわないように、吊架線からハンガーでつるされています。

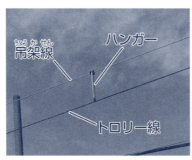
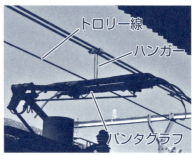

2 軌間（ゲージ）は、一方のレールの内側から、もう一方のレールの内側までの長さです。軌間は、鉄道会社や路線によってちがいます。

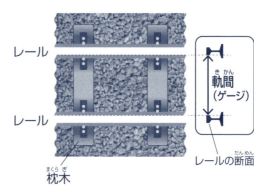

問題43 鉄道はじめてクイズ

ステージ3 上級編

鉄道の歴史について、つぎの問題にこたえてください。

1 「ビジネス特急」といわれた日本初の特急列車の名前を選んでください。

> ひかり　　こだま　　あさかぜ　　北斗星(ほくとせい)

2 日本ではじめて路面電車が営業運行された都府県を選んでください。

> 東京都　　大阪府(おおさか)　　京都府　　愛知県(あいち)

3 日本初の地下鉄の区間を選んでください。

> 東京駅から品川駅(しながわ)
> 新橋駅(しんばし)から横浜駅(よこはま)
> 上野駅(うえの)から浅草駅(あさくさ)
> 銀座駅(ぎんざ)から神田駅(かんだ)

鉄道はじめてクイズ

1. こだま
2. 京都府
3. 上野駅から浅草駅

1. ビジネス特急といわれた日本初の特急列車は「こだま」です。1958（昭和33）年に登場しました。東海道本線の東京駅と大阪駅のあいだを、6時間50分かけて走りました。

2. 日本初の営業路面電車は、1895（明治28）年に開業した京都電気鉄道です。日本初の電車でもありました。

3. 日本ではじめて本格的な地下鉄が開業したのは1927年です。区間は東京の上野駅と浅草駅のあいだです。約2.2kmの距離を運行していました。

問題44 走れ！ドクターイエロー

ステージ 3 上級編

検査車両「ドクターイエロー」について、正しい説明をすべて選んでください。

1. ドクターイエローは、最高時速300kmで走行します。

2. ドクターイエローは、わずか0.1mmの線路のゆがみもみつけることができます。

3. ドクターイエローが走る日時は、列車の時刻表にはのっていません。

4. ドクターイエローにはグリーン車があります。

5. ドクターイエロー以外にも検査車両があります。

6. 名前にイエロー（黄色）とついていますが、車体の色は白です。

A 解答44 走れ！ドクターイエロー

2、3、5

ドクターイエローは、黄色い車体の検査車両です。正式には「新幹線電気軌道総合試験車」といいます。乗客は乗せないので、グリーン車や普通車の車両はありません。最高時速270kmで走りながら、線路のゆがみや架線の状態などを検査します。新幹線の安全な運行のために、10日に一度ほど検査走行をおこなっています。

ドクターイエローには、T4（JR東海所有）と、T5（JR西日本所有）の2つの車両があり、どちらも700系新幹線をもとにつくられています。

JR東日本は、E3系新幹線をもとにつくられた「East i」という検査車両を所有しています。

East i

問題 45 こんな鉄道を知ってる？

ステージ 3 上級編

ケーブルカーとトロリーバスについて、つぎの問題にこたえてください。

1 写真は日本のケーブルカーのうち、もっとも急な坂をのぼっていくものです。どこを走るケーブルカーか選んでください。

- 箱根山（はこねやま）
- 高尾山（たかおさん）
- 高野山（こうやさん）
- 立山（たてやま）

2 トロリーバスは、バスと名前がついていますが、鉄道に分類される乗り物です。日本で唯一、トロリーバスが走っている場所を選んでください。

- 黒部ダム（くろべダム）
- 日光（にっこう）
- 上高地（かみこうち）
- 尾瀬（おぜ）

こんな鉄道を知ってる？

1. **高尾山**
2. **黒部ダム**

---

1. p.99は、高尾山（東京都）を走る高尾登山電鉄のケーブルカーです。ケーブルカーのなかでは、日本でもっとも急な坂（最大斜度は31度18分）を走ります。そのため、車両の形は平行四辺形になっています。

2. トロリーバスは、道路の上にかけられた架線から電気をとりこんで走る乗り物です。昔は都市部でも走っていましたが、現在は、立山黒部アルペンルート（富山県と長野県をむすぶ山岳観光ルート）の関電トンネルと立山トンネルのみで運行されています。

Q 問題46 新幹線の座席表クイズ

ステージ 3 上級編

つぎの座席表がどちらの新幹線車両のものか、それぞれ選んでください。

1
⇦上り（東京方面）

| 1C | 2C | 3C | 4C | 5C | 6C |
| 1B | 2B | 3B | 4B | 5B | 6B |

| 1A | 2A | 3A | 4A | 5A | 6A |

- 500系こだまのグリーン車
- E5系はやぶさのグランクラス

2
⇦上り（東京方面）

| 1D | 2D | 3D | 4D | 5D | 6D | 7D | 8D | 9D | 10D | 11D | 12D | 13D | 14D | 15D | 16D | 17D |
| 2C | 3C | 4C | 5C | 6C | 7C | 8C | 9C | 10C | 11C | 12C | 13C | 14C | 15C | 16C | 17C |

| 1B | 2B | 3B | 4B | 5B | 6B | 7B | 8B | 9B | 10B | 11B | 12B | 13B | 14B | 15B | 16B | 17B |
| 1A | 2A | 3A | 4A | 5A | 6A | 7A | 8A | 9A | 10A | 11A | 12A | 13A | 14A | 15A | 16A | 17A |

- E3系つばさの普通車
- E7系かがやきの普通車

3
⇦下り（博多方面）

| 1E | 2E | 3E | 4E | 5E | 6E | 7E | 8E | 9E | 10E | 11E | 12E | 13E | 14E | 15E | 16E | 17E | 18E | 19E | 20E |
| 1D | 2D | 3D | 4D | 5D | 6D | 7D | 8D | 9D | 10D | 11D | 12D | 13D | 14D | 15D | 16D | 17D | 18D | 19D | 20D |

1C	2C	3C	4C	5C	6C	7C	8C	9C	10C	11C	12C	13C	14C	15C	16C	17C	18C	19C	20C
1B	2B	3B	4B	5B	6B	7B	8B	9B	10B	11B	12B	13B	14B	15B	16B	17B	18B	19B	20B
1A	2A	3A	4A	5A	6A	7A	8A	9A	10A	11A	12A	13A	14A	15A	16A	17A	18A	19A	20A

- N700系のぞみの普通車
- E6系こまちの普通車

A 解答46 新幹線の座席表クイズ

1. **E5系はやぶさのグランクラス**
2. **E3系つばさの普通車**
3. **N700系のぞみの普通車**

1. 座席の数が極端に少ないことから、グランクラスの座席表であることが推測できます。

2. 片側に2列ずつの座席なので、車体が小さいことが推測できます。ミニ新幹線であるE3系つばさの普通車の座席表です。

3. 2列・3列の座席で、定員数も100人と多いことから推測できます。N700系のぞみの普通車の座席表です。

Q 問題 47 新幹線クイズ これどっち？

ステージ ③ 上級編

新幹線についての問題です。つぎのうち、あてはまるほうを選んでください。

1 JR西日本とJR東海がはじめて共同で開発した新幹線は、どっち？

- 100系
- 700系

2 新幹線の線路わきに、信号機があるのか、ないのか、どっち？

- ある
- ない

3 新幹線の最後尾にあるテールライト（矢印）の色は、どっち？

- 赤
- 白

N700系新幹線

新幹線クイズ これどっち？

1. 700系
2. ない
3. 赤

---

1. JR西日本とJR東海がはじめて共同で開発した新幹線は700系です。その後、N700系も共同開発しました。

2. 新幹線の線路わきには、原則として信号機はありません（駅構内や在来線を走る場合をのぞく）。それは、新幹線の走行スピードでは、線路わきの信号を運転士が目で認識するのがむずかしいからです。停止や速度制限の指示などは、新幹線に搭載されているATC（自動列車制御装置）によって、運転台の画面に表示されます。

3. 新幹線の先頭車両にあるヘッドライトの色は白、最後尾の車両にあるテールライトは赤です。ヘッドライトとテールライトは、周囲をてらすだけでなく、色のちがいによって、列車の存在や走る方向をしめす標識の役割もはたしています。

Q 問題 48 山陽新幹線のひみつ

ステージ ③ 上級編

山陽新幹線の設備について、つぎの問題にこたえてください。

1 「500系こだま」には、子どもたちがよろこぶような設備をもつ車両が編成されることがあります。実際にあるものを選んでください。

すべり台
パノラマ展望席
子ども用の運転台

2 「700系ひかりレールスター」には、ほかの新幹線にみられない設備があります。実際にあるものを選んでください。

座敷
個室
展望台席

105

山陽新幹線のひみつ

1 子ども用の運転台
2 個室

1 山陽新幹線の500系こだまは、新大阪駅と博多駅（福岡県）のあいだを走る8両編成の新幹線です。8号車には、新幹線の運転台を子どもむけに改良した「お子様向け運転台」があります（運転状況などにより、設置されない場合もある）。運転台にすわって、本物そっくりの運転操作が体験できます。

2 山陽新幹線の700系ひかりレールスターは、新大阪駅と博多駅のあいだを走る8両編成の新幹線です。4人用の個室「コンパートメント」、座席が片側2列ずつの「サルーンシート」、大型のテーブルとコンセントがある「オフィスシート」などが用意されています。

問題49 JR九州の特急列車クイズ

ステージ3 上級編

JR九州には、個性的な特急列車があります。つぎの路線を走る特急の名前と特徴を、あとからそれぞれ選んでください。

名前

はやとの風　ゆふいんの森　A列車で行こう　あそぼーい！

特徴

- ⓐ 親子で楽しめるファミリー車両。
- ⓑ 車両の左右がちがう色にぬられている。
- ⓒ 車内にジャズの曲が流れる。
- ⓓ 蒸気機関車が客車をひく。

解答49 JR九州の特急列車クイズ

1 あそぼーい！、ⓐ
2 Ａ列車で行こう、ⓒ

1 特急「あそぼーい！」は、熊本県の熊本駅と宮地駅のあいだを走ります。車体には、あそぼーい！のキャラクター「くろちゃん」がえがかれています。3号車はファミリー車両になっていて、木のプールや図書室があり、家族で楽しめます。

あそぼーい！

2 特急「Ａ列車で行こう」は、熊本県の熊本駅と三角駅のあいだを走る観光列車です。インテリアにステンドグラスを使うなど、天草に伝わった南蛮文化をテーマにデザインされています。お酒の飲めるバーも設置するなど、おとなの乗客が楽しめるくふうがされています。列車の名前は、ジャズの有名な曲からつけられました。

Ａ列車で行こう

知ってる？ 登山列車

ステージ ③ 上級編

問題 50

けわしい斜面（しゃめん）をのぼりおりする登山列車について、つぎの問題にこたえてください。

1 登山列車のなかには、「スイッチバック方式」で運行するものがあります。どのような方式か選んでください。

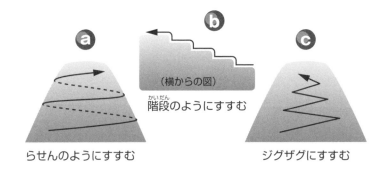

ⓐ らせんのようにすすむ
ⓑ 階段（かいだん）のようにすすむ（横からの図）
ⓒ ジグザグにすすむ

2 急な斜面（しゃめん）を走る「アプト式鉄道」には、車両がすべり落ちないようなくふうがしてあります。どのようなものか選んでください。

ⓐ ゴム製（せい）のタイヤで鉄製（てっせい）の線路の上を走る。
ⓑ 車輪と線路が電磁石（でんじしゃく）でひきあった状態（じょうたい）で走る。
ⓒ 線路の歯形と車両の歯車をかみあわせて走る。

知ってる？登山列車

1 ⓒ　　**2** ⓒ

1 スイッチバック方式は、車両の進行方向をジグザグにかえながら、斜面をすすんでいく方式です。箱根登山電車などは、この方式で急な坂をのぼりおりしています。

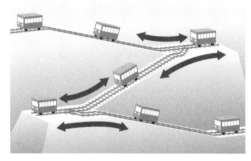

スイッチバック方式の運行

2 アプト式鉄道は、線路の真ん中にある歯形（ラックレール）と車両の真ん中にある歯車（ギア）をかみあわせながら、急な斜面をすすんでいきます。日本では、

井川線（南アルプスあぷとライン）

大井川鐵道井川線（南アルプスあぷとライン）だけで運行しています。

問題51 鉄道の記号のひみつ

ステージ3 上級編

電車やディーゼルカーの車体側面などにかかれている形式表記についての問題です。文字があらわす意味をそれぞれ選んでください。

※JRの場合

モハE231 523

「モ」と「ハ」のそれぞれの意味は？

キハ185 4

「キ」の意味は？

C58 239

「C」の意味は？

ディーゼルエンジンあり　運転台あり　グリーン車
普通車　モーターあり　機関車　車輪の軸の数

A 解答51 鉄道の記号のひみつ

モ…モーターあり
ハ…普通車(ふつうしゃ)
キ…ディーゼルエンジンあり
C(シー)…車輪の軸(じく)の数

それぞれの形式は、以下をあらわしています。

JR(ジェイアール)の電車の形式

① ② ※③④⑤　　⑥
モハE(イー)231　523

①
- モ……モーターあり
- ク……運転台あり
- クモ……モーター、運転台あり
- サ……運転台とモーターなし

②
- ロ……グリーン車
- ハ……普通車(ふつうしゃ)
- ネ……寝台車(しんだいしゃ)

③ 電気の方式
- 直流、交流など

④ 列車の種類
- 特急、急行、通勤(つうきん)など

⑤ 設計(せっけい)順

⑥ 車両番号

JR(ジェイアール)の気動車の形式

① ②
キハ185　4

① キ……ディーゼルエンジンあり

②
- ロ……グリーン車
- ハ……普通車(ふつうしゃ)

蒸気(じょうき)機関車の形式

① ② ③
C(シー)58　239

① C(シー)……車輪(動輪)の軸(じく)の数
B(ビー)は2軸(じく)、C(シー)は3軸(じく)、D(ディー)は4軸(じく)

② 形式番号

③ 車両番号

※「E(イー)」はEAST(イースト)の頭文字で、JR(ジェイアール)東日本をあらわす。

ステージ 3 上級編

問題 52 新幹線スピードくらべ

つぎの新幹線を、最高時速のはやい順にならべてください。

N700系のぞみ

E7系かがやき

E5系はやぶさ
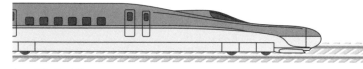

E4系Maxとき

700系ひかりレールスター

新幹線スピードくらべ

E5系はやぶさ → N700系のぞみ →
700系ひかりレールスター →
E7系かがやき → E4系Maxとき

新幹線の最高時速は、つぎのとおりです。

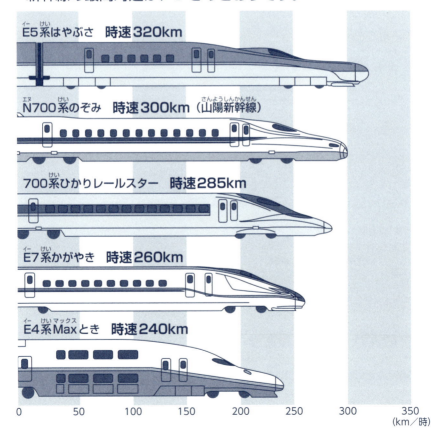

Q問題53 北海道新幹線 ホント・ウソ

ステージ3 上級編

2016（平成28）年開業の北海道新幹線について、ホントかウソかでこたえてください。

1
北海道新幹線は、海底トンネルを走るんだよ。

2
北海道新幹線は、いずれは札幌までつながる予定なのよ。

3
北海道新幹線の車両、H5系は、北陸新幹線のW7系をもとにつくられたの。

4
北海道新幹線は、在来線とおなじ線路を使っている場所があるよ。

A 解答53 北海道新幹線 ホント・ウソ

1 **ホント**　　2 **ホント**
3 **ウソ**　　　4 **ホント**

1 北海道新幹線は、JR北海道が運営する新幹線です。新青森駅と新函館北斗駅（北海道）のあいだを走ります。青森県と北海道のあいだは、青函トンネルという海底トンネルをとおります。

2 北海道新幹線の路線は、将来的には札幌駅までつながる計画です。

3 北海道新幹線の車両、H5系は、東北新幹線のE5系をもとにつくられました。愛称は「はやぶさ」と「はやて」です。

4 北海道新幹線は、新中小国信号場（青森県）と木古内駅（北海道）のあいだは、在来線の線路を使います。新幹線と在来線では、レールとレールの間隔（軌間／ゲージ）がちがうため、新幹線が走るところでは、レールの本数が3本になっています。

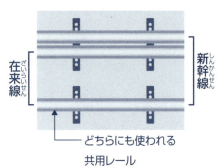

在来線　新幹線
どちらにも使われる共用レール

問題54 地下鉄の豆知識

ステージ3 上級編

地下鉄について、つぎの問題にこたえてください。

1 東京の都営地下鉄大江戸線六本木駅のホームは、地下鉄のなかで、もっとも深い位置にあります（海底トンネルをのぞく）。地下およそ何mにあるか選んでください。

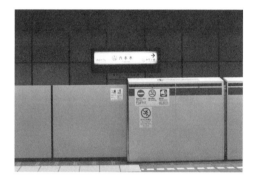

- 20m
- 30m
- 40m
- 50m

2 札幌市営地下鉄の車両には、日本のほかの地下鉄にはない特徴があります。その特徴を選んでください。

- ストーブで暖房する
- ゴムタイヤで走る
- 燃料電池で走る
- 無人運転で走る

地下鉄の豆知識

1 40m
2 ゴムタイヤで走る

1 都営地下鉄の大江戸線は、地下鉄のなかでも地中深くを走ることで知られています。大江戸線の六本木駅のホーム（内回り）は、地下7階（地上から42.3m）の深さにあります。

2 札幌市営地下鉄の車両は、鉄製の車輪ではなく、ゴム製のタイヤを使用しています。専用の走行路を、中央にある1本のレールにそいながら走ります。

問題55 信号機を読みとれ！

ステージ3 上級編

鉄道の信号機について、つぎの問題にこたえてください。

1 図のような信号機で、矢印でしめした板（腕木）が水平になっているときに、何をあらわしているか選んでください。

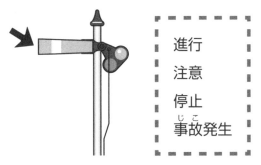

進行
注意
停止
事故発生

2 信号機が写真のように点灯したとき、何をあらわしているか、それぞれ選んでください。

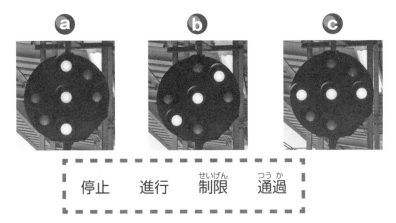

停止　進行　制限　通過

信号機を読みとれ！

1 停止
2 ⓐ進行　ⓑ制限　ⓒ停止

---

1 図の腕木式信号機は鉄道の信号機ですが、現在ではほとんど使われなくなりました。腕木が水平のときは「停止」、ななめ下にかたむいたときは「進行」をあらわします。

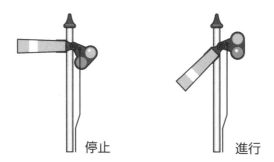

停止　　　　　進行

2 p.119の中継信号機は、地形や建物のかげなどになって、前方の信号機がみえにくい場所に設置される補助信号機です。点灯するライトの色のちがいではなく、位置のちがいであらわします。

進行　　　　制限　　　　停止

ステージ3 上級編
問題56 ぐるぐるまわる山手線クイズ

東京の中心部を走る「山手線」の路線図をみて、つぎの問題にこたえてください。

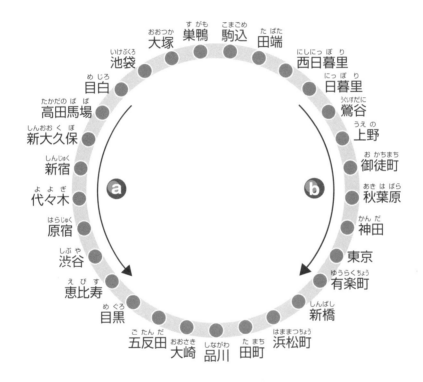

1 「内回り」の進行方向は ⓐ、ⓑ のどっち？

2 もっとも乗車人数が多い駅はどこ？

3 もっともはやく開業した駅はどこ？

ぐるぐるまわる山手線クイズ

1. ⓐ
2. 新宿駅
3. 品川駅

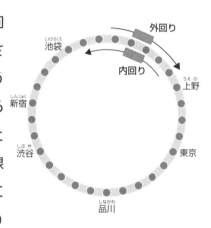

1. 東京を走る電車の進行方向は、東京を起点にあらわされています。東京へむかう電車を「上り」、東京から遠ざかる電車を「下り」といいます。しかし、山手線は一周すると、もとの駅にもどってしまうので、上り下りとはいわず、「内回り」「外回り」といいます。電車は左側通行なので、山手線を時計まわりにすすむのが外回り、反時計まわりにすすむのが内回りとなります。

2. もっとも乗車人数が多いのは新宿駅です。1日平均で約75万人（2014年度）にもなります。

3. 山手線の駅のうち、もっともはやく開業したのは品川駅です。1872（明治5）年に開業しました。日本でもっともはやく開業した駅でもあります。

問題57 鉄道と橋クイズ

ステージ 3 上級編

鉄道が走る橋（橋梁（きょうりょう））について、つぎの問題にこたえてください。

1 写真は、有名なめがね橋のひとつ「栗木野橋梁（くりきのきょうりょう）」です。この橋をとおる路線の名前を選んでください。

- 常磐線（じょうばん）
- 予讃線（よさん）
- 奥羽本線（おうう）
- 日田彦山線（ひたひこさん）

2 瀬戸（せと）大橋をわたる特急の名前を選んでください。

- はまかぜ
- しおかぜ
- しまかぜ
- はやとの風

123

鉄道と橋クイズ

1 日田彦山線
2 しおかぜ

---

1 JR九州の日田彦山線が走る栗木野橋梁は、福岡県東峰村にある橋です。筑前岩屋駅と大行司駅のあいだには、このようなアーチ型の橋が3つあり、そのみた目から「めがね橋」といわれます。このうち、栗木野橋梁と宝珠山橋梁の2つの橋は毎年12月にライトアップされ、人気の観光スポットになっています。

2 瀬戸大橋は、本州の岡山県倉敷市と四国の香川県坂出市をむすぶ複数の橋の総称です。橋は2階建てになっていて、上の階を自動車が走り、下の階を鉄道が走っています。瀬戸大橋をわたる鉄道は、岡山駅と高松駅(香川県)をむすぶ瀬戸大橋線です。特急しおかぜや快速マリンライナーなどが走っています。

特急しおかぜ

ステージ ③ 上級編

問題58 風景自慢の路線はどれ？

風景が美しい北海道・東北地方の鉄道の写真をみて、あてはまる路線名を、あとからそれぞれ選んでください。

① 鉄橋をわたって川を横切る鉄道。

② 日本のもっとも北を走る鉄道。

③ 奇岩や断崖のある海ぞいを走る鉄道。

奥羽本線　只見線　宗谷本線　五能線　富良野線

風景自慢の路線はどれ？

1 只見線
2 宗谷本線
3 五能線

1 只見線は、会津若松駅（福島県）と小出駅（新潟県）をむすぶ路線です。景観のよい山間を走り、とくに秋の紅葉や冬の雪景色の美しさで知られています。

2 宗谷本線は、日本のもっとも北を走る路線です。北海道の旭川駅と稚内駅をむすび、特急スーパー宗谷などが走っています。北海道の雄大な景色が楽しめます。

3 五能線は、東能代駅（秋田県）と川部駅（青森県）をむすぶ路線です。海岸ぞいを走り、車窓から名所の千畳敷海岸や、日本海にしずむ夕日がみられます。

クイズマスターチェック

正解(せいかい)した問題数をかぞえよう!

0~30問のあなた　マスター度 **30%**

31~40問のあなた　マスター度 **60%**

41~50問のあなた　マスター度 **90%**

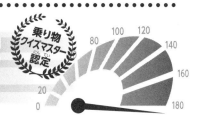

51~全問のあなた　マスター度 **100%**　乗り物クイズマスター認定(にんてい)

編／ワン・ステップ

児童・生徒向けの学習教材や書籍を制作する編集プロダクション。クイズマスターシリーズに「熱血 めざせ！ スポーツクイズマスター」「不思議発見 めざせ！ 理科クイズマスター」「脳に栄養 めざせ！ 食育クイズマスター」「地球を守れ めざせ！ エコクイズマスター」（いずれも金の星社）などがある。
http://www.onestep.co.jp/

- ●デザイン　VolumeZone
- ●イラスト　森永ピザ　川下隆　おかなお
- ●図版作成　中原武士
- ●ＤＴＰ　ONESTEP

めざせ！ 乗り物クイズマスター
鉄道クイズ

初版発行／2016年1月

編／ワン・ステップ

発行所／株式会社金の星社
　　　〒111-0056 東京都台東区小島1-4-3
　　　電話（03）3861-1861（代表）
　　　FAX（03）3861-1507
　　　振替　00100-0-64678
　　　http://www.kinnohoshi.co.jp
印　刷／広研印刷株式会社
製　本／東京美術紙工
NDC680　128p.　22cm　ISBN978-4-323-05842-9

©Pizza Morinaga, Takashi Kawashita, Okanao, ONESTEP inc. 2016
Published by KIN-NO-HOSHI SHA, Tokyo, Japan.

乱丁落丁本は、ご面倒ですが小社販売部宛にご送付ください。
送料小社負担にてお取替えいたします。

JCOPY　（社）出版者著作権管理機構 委託出版物
本書の無断複写は著作権法上での例外を除き禁じられています。複写される場合は、そのつど事前に
（社）出版者著作権管理機構（電話 03-3513-6969、FAX 03-3513-6979、e-mail: info@jcopy.or.jp）の許諾を得てください。
※本書を代行業者等の第三者に依頼してスキャンやデジタル化することは、たとえ個人や家庭内での利用でも著作権法違反です。

めざせ！乗り物クイズマスター

【全3巻】シリーズNDC680（運輸・交通）
A5判　各巻128ページ　図書館用堅牢製本

いろいろな乗り物のしくみや、はたらきかた、性能のひみつなどをバラエティーゆたかなクイズで楽しく学ぶシリーズ。初級・中級・上級と各ステージのクイズを解いていけば、乗り物についての理解が深まります。

いろいろな乗り物にくわしくなれる！

友だちや家族といっしょにやってみよう！

解説を読めば、乗り物がもっと好きになるよ！